Frédéric Chopin
(1810–1849)

Individual Pieces

Pièces individuelles

Einzelstücke

for piano • pour piano • für Klavier

Urtext

K 207

INDEX

Bolero
Op. 19, BI 81 — pag. 4

Tarantelle
Op. 43, BI 139 — pag. 18

Prélude
Op. 45, BI 141 — pag. 27

Allegro de Concert
Op. 46, BI 72 — pag. 32

Fantaisie
Op. 49, BI 137 — pag. 52

Berceuse
Op. 57, BI 154 — pag. 72

Barcarolle
Op. 60, BI 158 — pag. 78

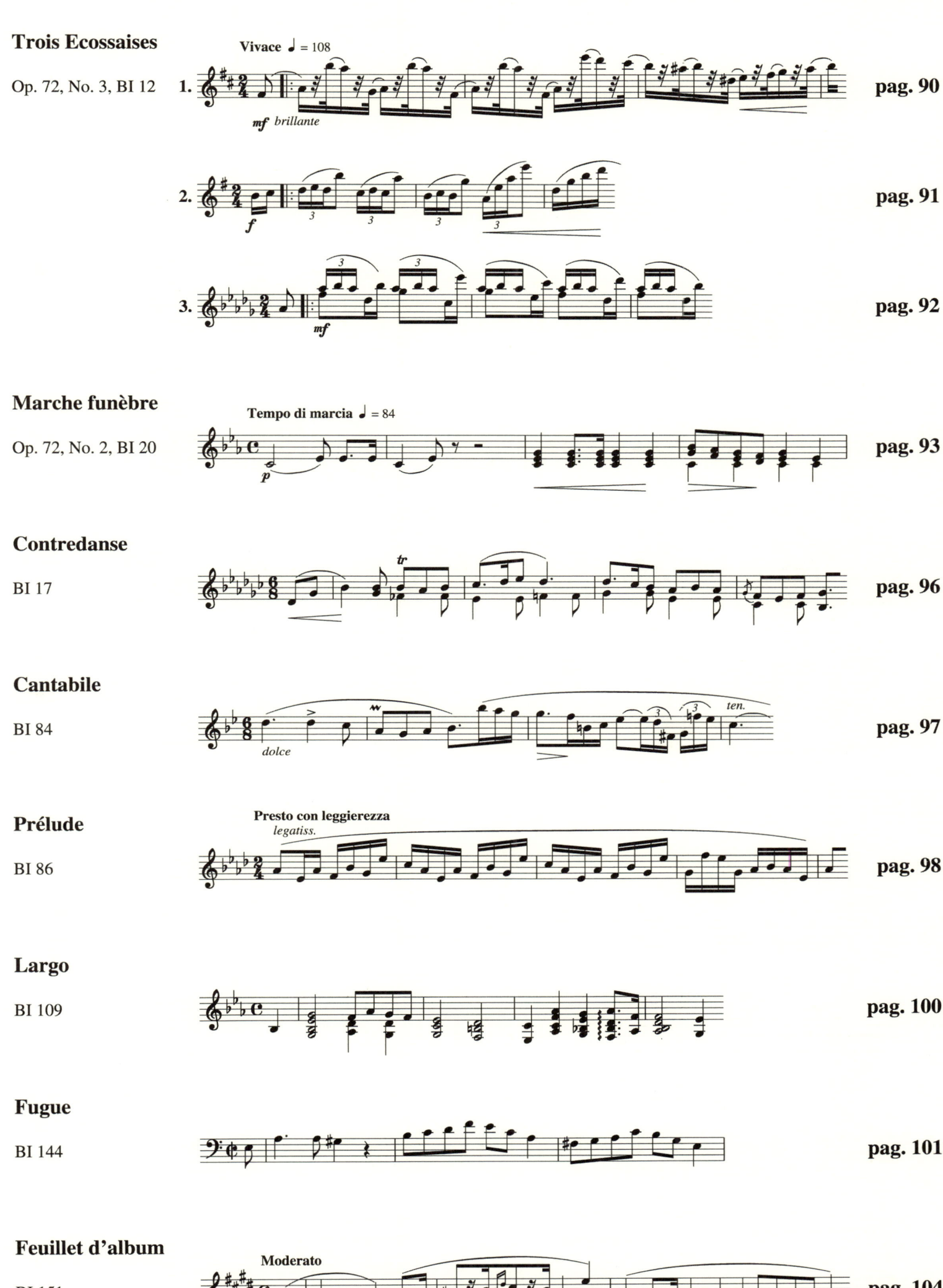

Dédié à Mademoiselle la Comtesse Emilie de Flahault

Bolero

Op. 19
Brown-Index 81
1833

Introduzione

Allegro molto ♩. = 88

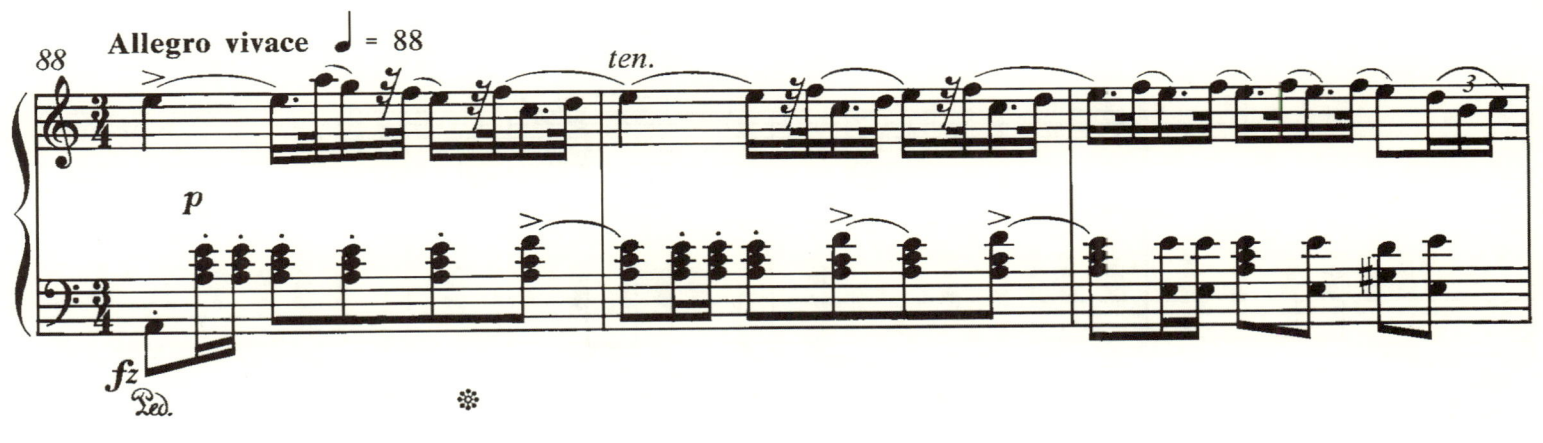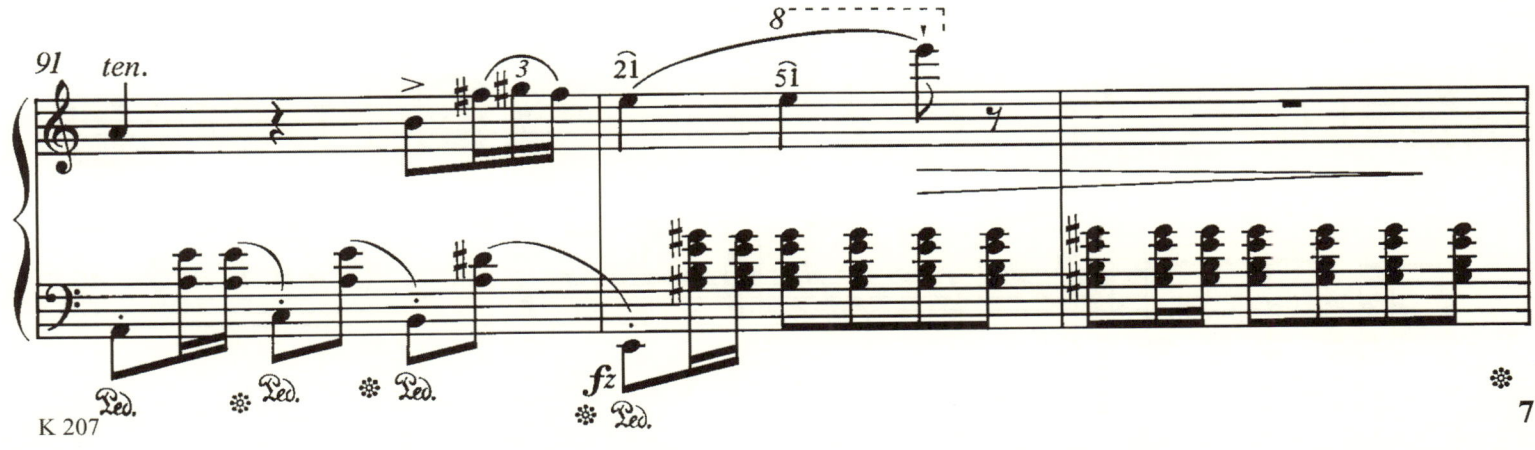

Tarantelle

Op. 43
Brown-Index 139
1841

18

K 207

À Mademoiselle la Princesse Elisabeth Czernicheff

Prélude

Op. 45
Brown-Index 141
1841

Dédié à Madame F. Müller de Vienne

Allegro de Concert

Op. 46
Brown-Index 72
1841

Dédié à Mademoiselle Elise Gavard

Berceuse

Op. 57
Brown-Index 154
1843

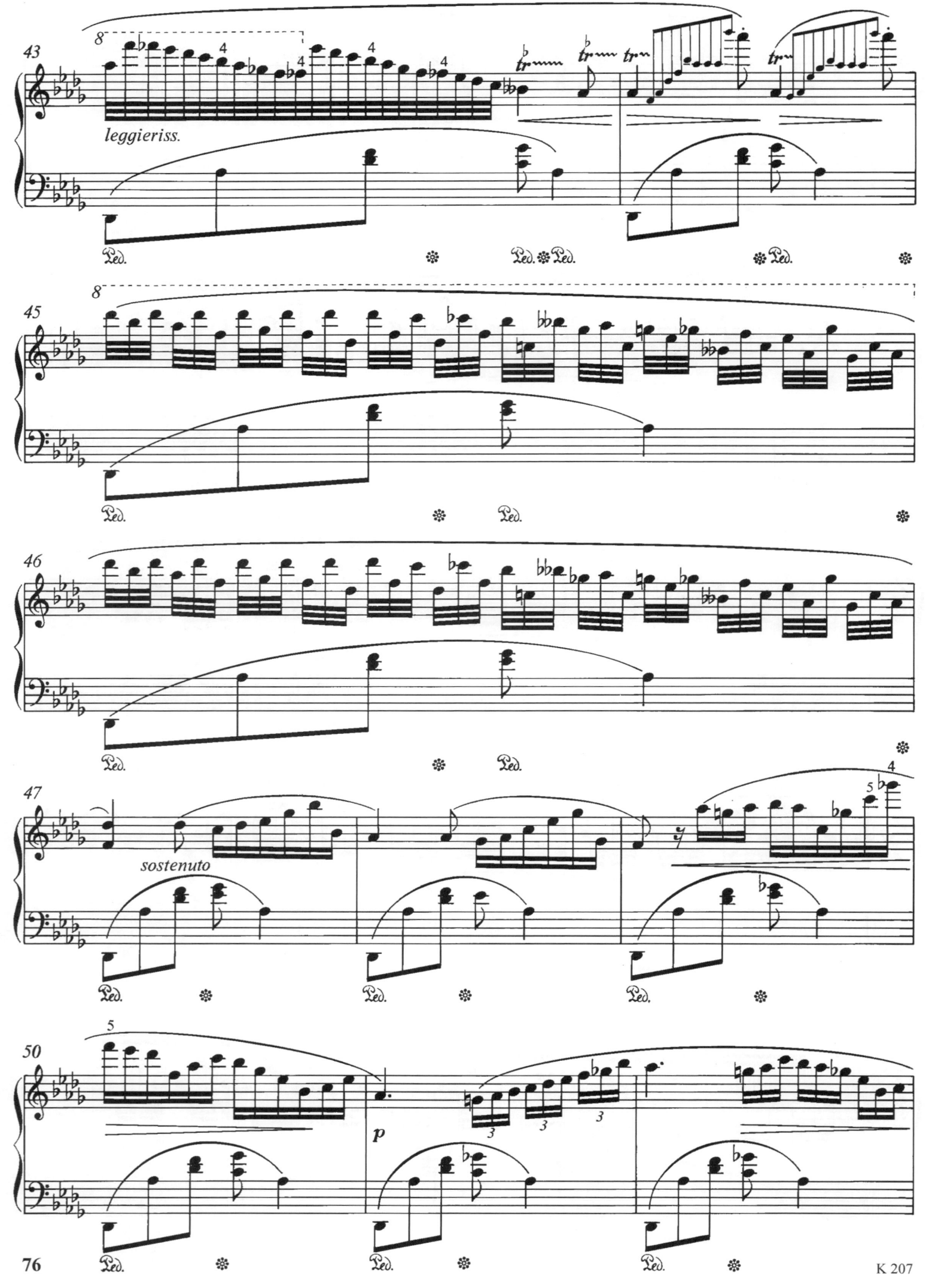

Dédié à Madame la Baronne de Stockhausen

Barcarolle

Op. 60
Brown-Index 154
1843

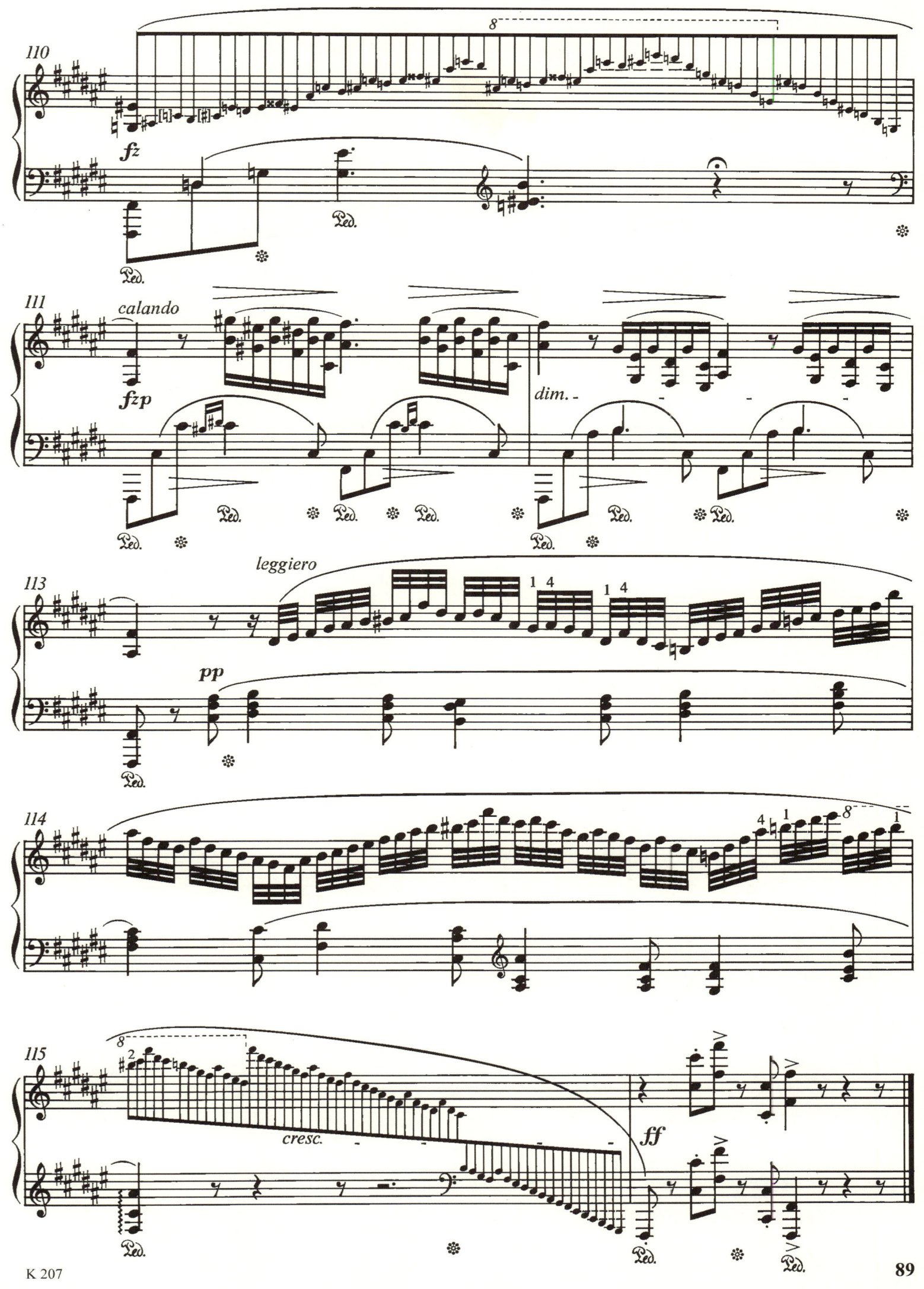

Trois Ecossaises

Op. 72., No. 3.
Brown-Index 12
1826 (?)

Marche funèbre

Op. 72.(Posth.), No. 2.
Brown-Index 20
1827

Contredanse

Da Capo al Fine

Cantabile

Brown-Index 84
1834

À mon ami Pierre Wolff
Prélude

Brown-Index 86
1834

Largo

Brown-Index 109
1837

Fugue

Feuillet d'album

Brown-Index 151
1843

 MUSICA PIANO

**OVER 25.000 PAGES OF PIANO
MUSIC SHEETS ONLINE**

Bach, Beethoven, Brahms, Chopin, Czerny,
Debussy, Gershwin, Dvořák, Grieg, Haydn,
Joplin, Lyadov, Mendelssohn-Bartholdy, Mozart,
Mussorgsky, Purcell, Schubert, Schumann,
Scriabin, Tchaikovsky and many more

KÖNEMANN

© 2018 koenemann.com GmbH
www.koenemann.com

Editor: Gábor Csalog
Responsible co-editor: Tamás Zaszkaliczky
Technical editor: Desző Varga
Engraved by Kottamester Bt., Budapest

critical notes available on www.frechmann.com

ISBN 978-3-7419-1436-2

Printed in China by Reliance Printing